KREATIVBUCH

FÜR WILDE KERLE & MUTIGE MÄDCHEN

BASTELN   SPIELEN   KUNST MACHEN

FÜR STEPHAN, JOHANNA UND JAKOB

KATHARINA NAIMER

KREATIVBUCH

FÜR WILDE KERLE & MUTIGE MÄDCHEN

BASTELN   SPIELEN   KUNST MACHEN

EMF

EIN BUCH DER
EDITION MICHAEL FISCHER

INHALT

4

VORWORT

In der Enge unseres durchorganisierten Alltags brauchen Kinder Raum für Fantasie. Kreativ zu sein, mit den eigenen Händen Dinge zu erschaffen, das Abenteuer im Alltag zu finden − all das sind für Kinder unschätzbar wertvolle Erfahrungen.

Dieses Buch will Kindern auf spielerische Art verschiedene künstlerische Techniken näherbringen, natürlich in Themenwelten, für die sich Jungen und Mädchen gleichermaßen begeistern: bei einem Streifzug durch den Räuberwald, einer Reise in die märchenhafte Welt der Prinzessinnen, Feen und Ritter oder bei einem aufregenden Besuch bei den Indianern. Sobald der Räuberhut auf dem Kopf sitzt, das Schwert in der Hand liegt oder das Tipi erbaut ist, verwandelt sich jedes Kinderzimmer, jeder Garten und jeder Park in einen wilden Wald.

Bei vielen Projekten können schon die Kleinsten mitbasteln, mitmalen und vor allem mitspielen. Freunde oder Geschwister werden gemeinsam aktiv, die Größeren helfen den Kleineren. Denn genau das macht am meisten Spaß: Alle Kinder packen zusammen an, z. B. beim Bemalen einer Wand oder bei der Planung einer eigenen Zirkusshow. Einige Projekte eignen sich auch wunderbar für Kindergeburtstage und andere Familienfeste.

Manchmal ist es sinnvoll und notwendig, dass ein Erwachsener den kleinen Künstlern unter die Arme greift. Der Bau eines Flitzebogens oder das Schneiden mit dem Cutter muss beaufsichtigt werden, damit sich niemand verletzt. Grundsätzlich wurde bei der Zusammenstellung der Anleitungen aber darauf geachtet, dass sie für Kinder weitestgehend auch ohne Hilfe eines Erwachsenen zu bewältigen sind. Die verwendeten Materialien sind nicht teuer. Oft handelt es sich um einfache Haushaltsgegenstände oder kleine Schätze, die bei einem Spaziergang in der Natur gesammelt werden können.

Ich wünsche allen kleinen und großen Künstlern viel Freude beim Experimentieren, Entdecken und Spielen!

Katharina Naimer

BEI RÄUBERN, TROLLEN UND UNGEHEUERN

WILDE-KERLE-MASKE

Stelle dir vor, du strandest auf einer Insel und dort wohnen
waschechte Ungeheuer mit riesigen Hörnern, struppigen Mähnen,
Rauschebärten und scharfen Zähnen! Was tust du? Na klar,
du verwandelst dich einfach selbst in ein Ungeheuer!

DU BRAUCHST

GRAUPAPPE
(CA. 25 X 35 CM)

ZEICHENKOHLE ODER
ÖLKREIDEN

HAARSPRAY

WASSERFARBEN, PINSEL

SCHERE

GUMMIBAND

1 Zeichne zwei mandelförmige Umrisse mittig auf die Pappe und schneide sie aus. Das sind die Schlitze für die Augen. Schließlich muss ein Ungeheuer sehen können, wohin es trampelt! Noch bequemer wird die Maske, wenn du sie auch entlang der Nase einschneidest. Wenn du magst, kannst du zum Vorzeichnen der Maske auch die Vorlage von Seite 139 verwenden.

2 Mit Kohle lässt sich herrlich zeichnen, denn sie hinterlässt samtige, tiefschwarze Linien auf dem Papier. Überlege dir, was für ein Ungeheuer du sein möchtest. Eines mit Hörnern oder Federschmuck? Mit riesigem Maul und spitzen Zähnen? Zeichne es auf die Pappe!

3 Damit die Kohle nicht verwischt, muss die Zeichnung fixiert werden. Hierfür gibt es spezielle Sprays, du kannst aber auch einfach Haarspray verwenden.

4 Verschönere deine Maske anschließend mit Wasserfarben. Wie wäre es z. B. mit einer leuchtenden Kriegsbemalung?

5 Schneide die Maske aus.

6 Stich etwa auf Höhe der Augen am linken und rechten Rand ein kleines Loch in die Pappe und befestige ein Gummiband daran.

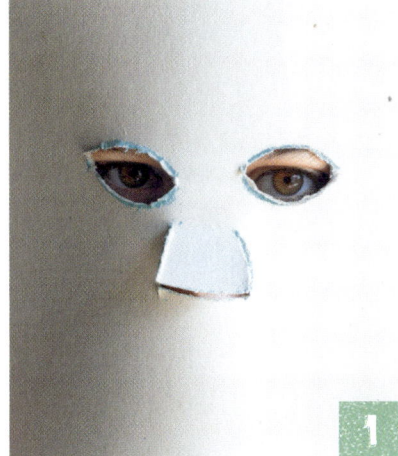

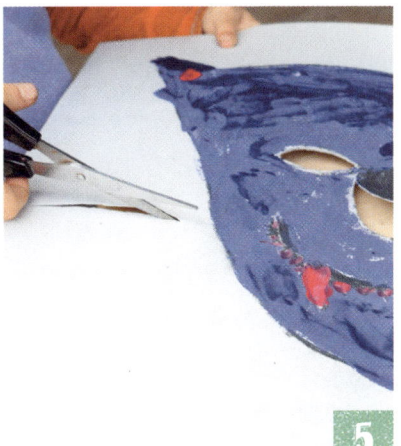

TROLLMASKE

Gnome und Trolle hausen in Höhlen, Elfen flattern durch die Wipfel, Wichtel sammeln wilde Brombeeren und Tannenzapfen. Tu es den Waldwesen gleich und mache einen Spaziergang in der Natur. Bestimmt findest du viele schöne Schätze. Sie werden das Bastelmaterial für eine tolle Maske!

DU BRAUCHST

NATURMATERIALIEN
(BLÄTTER, BLÜTEN,
GRÄSER, ZWEIGE ...)

GRAUPAPPE
(CA. 25 X 35 CM)

BLEISTIFT

SCHERE

HOLZLEIM

UNTERTASSE

PINSEL

GUMMIBAND

1 Sammle bei einem Spaziergang im Wald, im Garten oder im Park Blätter, Zweige, Blüten, Beeren, Eicheln, Rindenstücke usw. Je mehr verschiedene Farben und Formen unter deinen Fundstücken vertreten sind, umso besser. Zarte Wiesenblumen eignen sich als Bastelmaterial für dieses Projekt nicht so gut.

2 Bereite die Pappe für deine Maske vor, wie auf Seite 11 unter Schritt 1 beschrieben.

3 Welches Waldwesen möchtest du gern sein? Eine kecke Elfe oder lieber ein Furcht einflößender Troll? Platziere Blüten, Blätter, Beeren usw. auf der Pappe, bis ein Gesicht entsteht. Nimm dir Zeit, verschiedene Gesichter auszuprobieren!

4 Wenn du eine Idee hast, wie du deine Maske gestalten willst, bestreiche die Pappe mit Holzleim. Du kannst den Leim aus der Flasche zuvor auf eine Untertasse oder in einen alten Marmeladendeckel füllen, dann lässt er sich ganz leicht mit dem Pinsel aufstreichen.

5 Jetzt kannst du alles Stück für Stück aufkleben, bis die Pappe vollständig mit Naturmaterialien bedeckt ist.

6 Schneide die Maske aus.

⇒ WEITER GEHT'S!

7 Stich etwa auf Höhe der Augen am linken und rechten Rand ein kleines Loch in die Pappe und befestige ein Gummiband daran.

RÄUBERHUT

Nur einer trägt diesen riesigen Schlapphut mit breiter Krempe:
Fiolito, der wildeste und schaurigste Räuberhauptmann aller
Zeiten. Mit seinen 40 Räubern haust er im Wald. Du willst auch
so einen Räuberhut wie Fiolito? Los geht's!

DU BRAUCHST

- PAPPE
  (CA. 50 X 50 CM)
- STOFF (CA. 50 X 50 CM)
- SCHERE ODER CUTTER
- WASSERFARBEN, PINSEL
- HOLZLEIM ODER
  HEISSKLEBER
- BLÄTTER, ZWEIGE, ZAPFEN
  UND SCHMUCKBAND ZUM
  DEKORIEREN

1 Zeichne einen Kreis auf die Pappe. Er sollte ungefähr den Umfang deines Kopfes haben. Zeichne einen größeren Kreis darum herum, sodass ein breiter Ring entsteht. Er wird später die Hutkrempe. Vielleicht kann dir bei der Planung ein Erwachsener helfen. Schneide den Ring je nach Dicke der Pappe mit der Schere oder mit dem Cutter aus.

VORSICHT!
Schneide mit dem Cutter nur unter Aufsicht eines Erwachsenen!

2 Trage den Holzleim auf den Pappring auf. Wenn du mit Heißkleber arbeitest, sollte unbedingt ein Erwachsener dabei sein!

3 Schneide den Stoff kreisförmig zu. Hierbei kannst du den Pappring als Schablone verwenden. Lege den Stoff anschließend auf die mit Holzleim bestrichene Seite des Rings. Schiebe dabei so viel Stoff in das Loch hinein, dass er – wieder herausgestülpt – deinen Kopf bedecken kann. Nun heißt es geduldig warten, bis der Holzleim getrocknet ist.

4 Eine so schöne breite Hutkrempe lädt natürlich zum Bemalen ein! Bemale sie auch auf der Unterseite, das sieht am Ende besonders hübsch aus.

5 Dekoriere deinen Räuberhut zusätzlich mit Blättern, Zweigen, Zapfen und Schmuckband. Und nun heißt es: Schaulaufen!

MESSER, SCHWERTER, SÄBEL

Er ist ein ganz schöner Schurke, der Räuber Hotzenplotz! Die Großmutter erschrickt sich sogar so sehr vor ihm, dass sie in Ohnmacht fällt. Und weißt du auch, warum der Hotzenplotz so Furcht einflößend aussieht? Genau! In seinem Gürtel stecken sieben Messer!

DU BRAUCHST

- WELLPAPPE
- FILZSTIFTE
- FARBEN DEINER WAHL (HIER: ÖLKREIDEN)
- SCHERE ODER CUTTER
- HOLZSTAB
- HOLZLEIM ODER HEISSKLEBER
- ALUFOLIE

1 Zeichne mit dem Filzstift z. B. die Umrisse eines Säbels auf die Wellpappe. Wenn du magst, kannst du zum Vorzeichnen die Vorlage von Seite 135 verwenden.

2 Damit dein Säbel zu einem einzigartigen Schmuckstück wird, male den Griff bunt an.

3 Schneide deinen Säbel mit der Schere oder mit dem Cutter aus.

4 Wellpappe kann beim Spielen leicht knicken. Um zu verhindern, dass dein toller Säbel schon nach kurzer Zeit einknickt, kannst du ihn auf der Rückseite mit einem Holzstab verstärken. Klebe diesen entlang der Klinge mit Holzleim oder

Heißkleber fest. Wenn du mit Heißkleber arbeitest, sollte unbedingt ein Erwachsener dabei sein!

5 Nun kommt der Clou: Umwickle die Klinge deines Säbels mit Alufolie und bringe sie so zum Glänzen! Der Holzstab verschwindet unter der Folie. Mit einem spitzen Bleistift kannst du auch noch Muster in die Folie eingravieren.

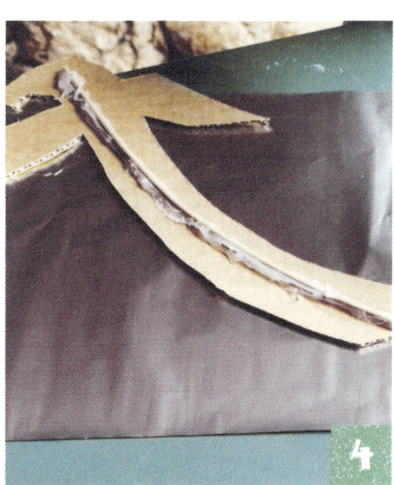

IM MÄRCHENLAND

COLLAGE AUS STOFFRESTEN

Kennst du das Märchen von der Prinzessin auf der Erbse? Sie kann nicht schlafen, weil in ihrem Bett unter einem Berg aus Matratzen eine Erbse versteckt ist. So empfindsam sind wahrlich nur Prinzessinnen! Gestalte dein eigenes Prinzessin-auf-der-Erbse-Bett: mit einer Collage aus bunten Stoffresten.

DU BRAUCHST

ZEICHENPAPIER

BUNTE STOFFRESTE

KLEINEN GRÜNEN KNOPF

BUNTSTIFTE ODER ÖLKREIDEN

SCHERE

KLEBER

1 Zeichne zuerst das Bettgestell.

2 Natürlich darf die Erbse nicht fehlen! Klebe einen kleinen grünen Knopf auf. Du kannst aber auch einfach eine Erbse zeichnen.

3 Schneide die Stoffreste in unterschiedlich dicke Streifen. Am schönsten wird das Ergebnis, wenn du verschiedenfarbige und gemusterte Stoffe aus unterschiedlichen Materialien verwendest.

4 Klebe nun die Stoffstreifen auf. Lass am oberen Rand deines Bildes noch Platz für die Prinzessin.

5 Zeichne die Prinzessin auf den Matratzenberg.

MÄRCHENSTUNDE

Wie wäre es, wenn du vorher zusammen mit deinen Eltern oder einem älteren Geschwisterkind das Märchen von der Prinzessin auf der Erbse liest?

UNTERWASSERLANDSCHAFT

Weit draußen im Meer ist das Wasser so blau wie die Blütenblätter der schönsten Kornblume. Hier lebt die kleine Meerjungfrau in einem prächtigen Schloss mit Mauern aus Korallen und einem Dach aus Muschelschalen. Zaubere die Welt der Meerprinzessin aufs Papier!

DU BRAUCHST

- SAUGFÄHIGES PAPIER, Z. B. AQUARELLPAPIER
- ÖL- ODER WACHSMAL-KREIDEN
- WASSERFARBEN
- BREITEN PINSEL

1 Zeichne mit Öl- oder Wachsmalkreiden die Umrisse deiner Unterwasserlandschaft: das Schloss, Pflanzen, Fische, Kraken, Quallen, Seesterne und natürlich die kleine Meerjungfrau. Wenn du vor allem leuchtende, helle Farbtöne verwendest, entstehen später besonders schöne Kontraste. Es gibt auch neonfarbene Ölkreiden.

2 Verziere die Schlossmauern, die Fische und deine Meerjungfrau mit Mustern und anderen hübschen Details. Male deine Motive aber nicht vollständig aus.

3 Male nun mit einem breiten, weichen Pinsel mit Wasserfarbe über die Kreidezeichnung. Das Papier saugt die Farbe auf, an den Kreidelinien perlt die Wasserfarbe jedoch ab. So entsteht eine schillernde Unterwasserwelt.

SCHATTENSPIEL

Ein Esel, ein Hund, eine Katze und ein Hahn reißen von zu Hause
aus. Sie wollen nach Bremen, um dort Musik zu machen.
Das grimmsche Märchen von den Bremer Stadtmusikanten ist
wie geschaffen für ein gemeinsames Schattenspiel!

DU BRAUCHST

- SCHWARZES TONPAPIER
- WEISSEN BUNTSTIFT
- SCHERE
- KLEBEBAND
- HOLZSPIESSE
- STARKE LICHTQUELLE

1 Zeichne mit einem weißen Buntstift deine Spielfigur auf schwarzes Tonpapier. Wenn du magst, kannst du zum Vorzeichnen die Vorlagen von Seite 136/137 verwenden.

2 Schneide die Figur sehr sorgfältig aus. Wenn du ein Auge oder ein anderes Detail aus dem Inneren einer Figur herausschneiden möchtest, solltest du einen Erwachsenen um Hilfe bitten.

3 Nun befestigst du mit Klebeband einen Holzspieß auf der Rückseite deiner Figur. Damit kannst du sie später führen.

4 Wenn alle Figuren fertiggestellt sind, richtest du den Raum für das Schattenspiel her. Verdunkle die Fenster und schalte die Lichter aus – bis auf eines. Es sollte eine starke Lichtquelle sein, z. B. eine helle Schreibtischlampe. Wenn du nun deine Figur im Lichtkegel vor der Wand bewegst, entstehen die Schattenbilder.

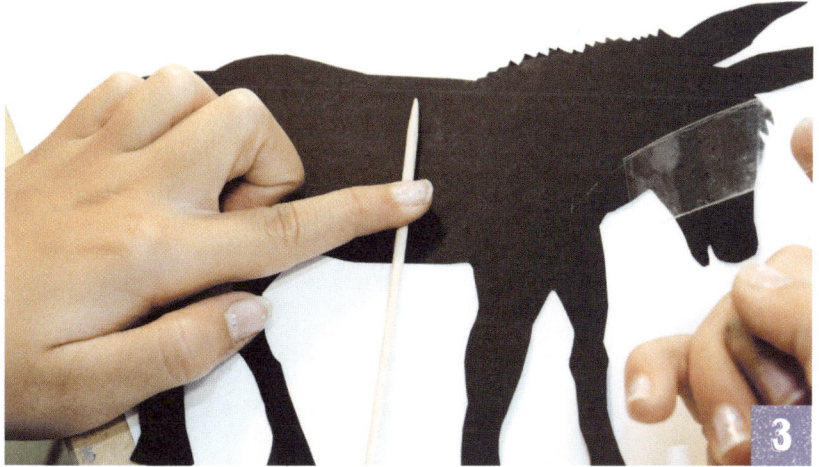

TIPP

Besonders großen Spaß macht es, wenn jemand das Märchen, das du dir ausgesucht hast, während des Schattenspiels vorliest.

IN DER FEENWERKSTATT

FEENSCHMUCK

Sie bevölkern Wiesen und Wälder. Sie sind scheue Wesen und nur selten wagen sie sich in die Welt der Menschen vor – die Feen. Sie haben zarte Flügel und ihre Kleider sind aus Blumen gewebt. Webe auch du tolle Schmuckstücke aus bunten Blütenschätzen.

DU BRAUCHST

- WIESENBLUMEN UND GRÄSER
- WEIDEN- ODER HASELNUSSZWEIGE
- GARTENSCHERE
- STRICK

1 Pflücke einen Strauß Wiesenblumen und Gräser.

2 Aus Weiden- oder Haselnusszweigen baust du dir einen Webrahmen. Dafür brauchst du vier etwa gleich lange kräftigere und mehrere dünne Zweige. Lege aus den vier kräftigen Zweigen einen rechteckigen Rahmen und binde sie an den Enden mit einem Strick zusammen. Nun befestigst du die dünneren Zweige mit Strick an deinem Rahmen, sodass ein Gitter entsteht. Du kannst auch ein Gitter aus Strick spannen.

3 Wenn dein Webrahmen fertig vorbereitet ist, beginnst du, die gesammelten Wiesenblumen und Gräser in das Gitter hineinzuweben. So entsteht nach und nach ein buntes Gebinde, mit dem du z. B. triste Wände verschönern (und vielleicht sogar Feen anlocken) kannst.

FEENFLÜGEL

Wie schön wäre es, schwerelos durch die Lüfte zu gleiten wie die Feen. Sie bewegen sich so anmutig und schillern dabei in den tollsten Farben. Mache es wie sie: Bastle dir bunte Flügel und hebe ab!

DU BRAUCHST

GROSSE PAPPE
(CA. 60 X 30 CM)

CUTTER

BUNTES UND WEISSES TRANSPARENTPAPIER

SCHERE, KLEBER

ÖLKREIDEN

KLEINE PAPPE
(CA. 20 X 10 CM)

2 HOSENGUMMIS
(CA. 30 CM LANG)

1 Zeichne den Umriss der Flügel auf die große Pappe und schneide sie aus. Achte bei Wellpappe darauf, dass die Rillen senkrecht verlaufen, dann kannst du deine Flügel später ganz leicht in der Mitte knicken.

2 Zeichne kleine Kreise, Rauten, Dreiecke usw. auf die Flügel und schneide sie heraus.

VORSICHT!

Schneide mit dem Cutter nur unter Aufsicht eines Erwachsenen!

3 Schneide bunte Transparentpapiere in kurze, schmale Streifen und klebe damit die Löcher zu. Die beklebte Seite wird die Rückseite der Feenflügel.

4 Male die Vorderseite deiner Feenflügel bunt an. Ölkreiden eignen sich dafür wunderbar.

 WEITER GEHT'S!

5 Übertrage die Form der Flügel auf weißes Transparentpapier, schneide sie aus und klebe sie auf die Rückseite der Pappe. So sieht auch die Rückseite deiner Flügel hübsch aus, ohne dass der Leuchteffekt des durchsichtigen Papiers verloren geht.

6 Um losflattern zu können, brauchen die Flügel noch Schlaufen, damit du sie dir umschnallen kannst. Pikse dafür in die vier Ecken der kleinen Pappe je ein Loch. Die Löcher sollten mindestens 3 cm Abstand vom Rand haben. Fädle durch die beiden Löcher links und die beiden Löcher rechts jeweils ein ca. 30 cm langes Stück Hosengummi und verknote die Enden miteinander.

7 Klebe die kleine Pappe mit den Gummischlaufen mittig auf die Rückseite der Flügel.

SCHMETTERLINGSSTRAUCH

Wenn der Schmetterlingsflieder im Sommer blüht, kannst du ein tolles Naturschauspiel beobachten: Der Nektar in den violetten Blüten lockt scharenweise Schmetterlinge an. Verwandle auch die Büsche in eurem Garten oder auf dem Balkon in kunterbunte Schmetterlingssträucher!

DU BRAUCHST

- ZEICHENKARTON (FORMAT DIN A5)
- GOUACHE- ODER ACRYL-FARBEN
- PINSEL
- SCHERE
- KLEBEBAND

1 Falte den Zeichenkarton in der Mitte wie eine Klappkarte.

2 Klappe den Zeichenkarton wieder auf und male auf eine Hälfte entlang des Falzes einen halben Schmetterling.

3 Klappe den Zeichenkarton wieder zusammen, solange die Farbe noch schön nass ist, und streiche mit der flachen Hand darüber, um die Farbe gut abzudrücken. Wenn du den Zeichenkarton nun wieder aufklappst, ist aus dem halben ein ganzer Schmetterling geworden.

4 Nachdem die Farbe getrocknet ist, kannst du deinen Schmetterling ausschneiden und ihn mit Klebeband an einem Zweig befestigen.

TIPP

Wenn du die Farbe dick aufträgst, entstehen interessante Schlieren und Muster sowie neue Farbtöne. Das Farbenquetschen ist ein tolles Spiel, bei dem man viel über die Farben lernen kann. Daran haben schon die Kleinsten Spaß.

3-D-BLUMEN

Bestimmt hast du schon einmal eine Hummel dabei beobachtet,
wie sie in eine Blüte hineingekrabbelt ist, um Nektar zu sammeln.
Aus Papptellern und Pappbechern lassen sich tolle 3-D-Blumen
basteln. Sie haben einen Vorteil: Sie verwelken nie!

DU BRAUCHST

- PAPPTELLER UND PAPPBECHER
- ÖLKREIDEN, WACHSMAL-KREIDEN ODER BUNT-STIFTE
- SCHERE
- HEISSKLEBER
- DICKE STROHHALME OHNE KNICK

1 Male die Pappteller bunt an.

2 Schneide die Pappteller in verschiedene Blütenformen. Blütenblätter können rund oder spitz zulaufend sein, länglich und schmal oder herzförmig wie bei einem Kleeblatt. Um kleinere Blütenkränze zu erhalten, schneidest du den äußeren Ring der Pappteller zuvor einfach ab.

3 Schneide einen Pappbecher rundherum zackig ein.

4 Lege mehrere Blütenkränze übereinander und staune, wie deine Blüte sich verändert. Die größeren Blütenkränze gehören nach unten. Der eingeschnittene Pappbecher kommt ganz nach oben. Durch ihn wirkt die Blüte besonders plastisch. Du kannst die Blütenblätter zusätzlich knicken. Das erhöht den räumlichen Effekt.

5 Wenn du mit der Anordnung deiner Blütenkränze zufrieden bist, klebst du sie aufeinander. Beim Basteln mit Heißkleber sollte immer ein Erwachsener dabei sein.

6 Nun bastelst du die Halterung für den Blumenstiel. Wickle einen Streifen Pappe (z. B. einen abgeschnittenen Tellerrand) um deinen Finger und klebe ihn zu einem Röhrchen zusammen.

⟹ WEITER GEHT'S!

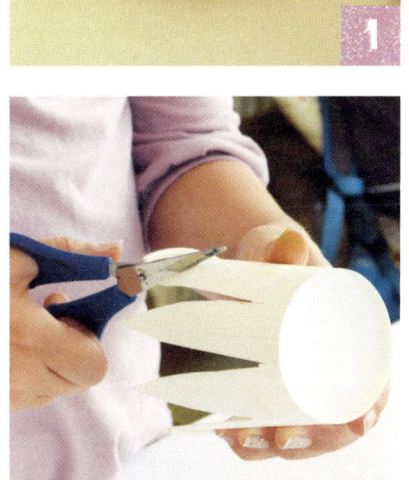

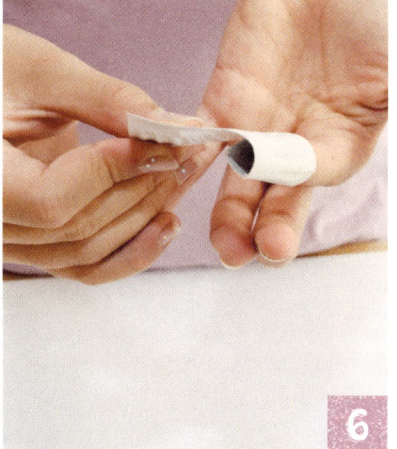

7 Befestige das Röhrchen mit Heißkleber mittig auf der Unterseite des untersten Blütenkranzes. In das Röhrchen klebst du das Ende eines Strohhalms.

BEI DEN INDIANERN

SCHMUCK AUS FEDERN: DIE KRATZTECHNIK „SGRAFFITO"

Ein tapferer Indianerjunge rettet seine Freundin vor einem Puma. Für diese Heldentat bekommt er eine ganz besondere Auszeichnung: eine Adlerfeder. Die Federn für deinen Indianerschmuck stellst du mithilfe einer speziellen Kratztechnik selbst her.

DU BRAUCHST

ZEICHENKARTON

WACHSMALKREIDEN

ÖLKREIDEN, DUNKLE ACRYLFARBE ODER TUSCHE

SPITZEN GEGENSTAND, Z.B. STRICKNADEL ODER NAGEL

SCHERE

1 Zeichne grob die Form einer Feder vor und male sie mit hellen Wachsmalkreiden aus. Drücke dabei fest auf, sodass der Untergrund vollständig mit einer Wachsschicht bedeckt ist.

2 Übermale die Wachsschicht mit Ölkreiden in dunkleren Farbtönen. Statt Ölkreide kannst du auch eine dünne Schicht Acrylfarbe oder Tusche auftragen.

3 Kratze nun mit einem spitzen Gegenstand die Schicht aus Ölkreide ab. Die Schicht aus Wachsmalkreide kommt an diesen Stellen wieder zum Vorschein. So entstehen der Schaft und die feinen Äste deiner Feder.

4 Schneide die Feder aus.

KOPFSCHMUCK

Auch kleine Freizeitindianer verlassen ihr Tipi natürlich nie ohne den passenden Kopfschmuck: ein selbst gebasteltes Stirnband mit prächtigen Federn.

DU BRAUCHST

ZEICHENKARTON

SCHERE

FARBEN DEINER WAHL
(HIER: ÖLKREIDEN)

KLEBER

SELBST GEBASTELTE
FEDERN (SIEHE SEITE
46/47)

1 Schneide den Zeichenkarton so zu, dass du einen ca. 60 cm langen und 6 cm breiten Streifen erhältst. Solltest du keinen ausreichend großen Bogen Zeichenkarton haben, kannst du den Streifen natürlich auch aus zwei einzelnen Streifen zusammenkleben. Male ihn bunt an.

2 Lege dir den Papierstreifen um den Kopf und klebe ihn zu einem Stirnband zusammen.

3 Beklebe dein Stirnband mit selbst gebastelten Federn.

FEDERKETTE

Mit einer selbst gebastelten Kette aus bunten Federn verwandelst auch du dich in eine kleine Squaw oder in einen stolzen Indianerhäuptling!

DU BRAUCHST

SELBST GEBASTELTE FEDERN (SIEHE SEITE 46/47)

LOCHZANGE

STRICK ODER LEDERBAND

1 Knipse mit der Lochzange ein Loch ins untere Ende der Federn.

2 Lege den Strick (oder das Lederband) zu einer Schlaufe und führe diese durch das Loch in der Feder. Anschließend führst du die Feder durch die Schlaufe und ziehst sie vorsichtig fest. Nach diesem Prinzip kannst du nun Feder um Feder auf die Kette fädeln.

TIPP

Da sich die Federn an der Kette beim Spielen hin und her drehen, sieht es am schönsten aus, wenn du sie auf Vorder- und Rückseite farbig gestaltest.

PFEIL UND BOGEN

Womit geht ein kleiner Indianer am liebsten auf die Jagd? Natürlich mit Pfeil und Bogen! Einen Flitzebogen zu bauen ist gar nicht so schwer. Dabei sollte dir aber unbedingt ein Erwachsener helfen. Außerdem ist es wichtig, vorher über die Regeln und Gefahren beim Bogenschießen zu sprechen.

DU BRAUCHST

CA. 1 - 1,5 M LANGEN, DAUMENDICKEN AST UND MEHRERE DÜNNERE, GERADE ZWEIGE VOM HASELNUSSSTRAUCH

CA. 1,5 M PAKETSCHNUR

TASCHENMESSER MIT SÄGE- UND BOHR-FUNKTION ODER HAND-SÄGE UND HANDBOHRER

KINDERSCHNITZMESSER

KORKEN

1 Zunächst brauchst du ein Stück Holz. Am besten eignet sich ein gerade gewachsener Ast vom Haselnussstrauch, ungefähr daumendick. Dieses Holz ist biegsam und kann gut bearbeitet werden. Säge den Ast auf ca. 1–1,5 m Länge zurecht und entferne kleine Seitentriebe.

2 Nun verzierst du deinen Bogen. Wenn du die Rinde des Haselnussholzes abschälst, kommt darunter das helle Mark zum Vorschein. So lassen sich schöne Muster ins Holz schnitzen.

VORSICHT!

Schnitze immer vom Körper weg!

3 Bohre in das obere und untere Ende deines Bogens ein kleines Loch. Achte darauf, dass du möglichst mittig in den Ast hineinbohrst, damit die Bohrung nicht ausreißt.

4 Fädle die Paketschnur an einem Ende des Bogens durch das Loch und knote sie gut fest.

5 Wickle die Paketschnur zur Sicherheit noch einmal um den Ast herum und verknote sie nochmals. Damit die Schnur im nächsten Schritt gespannt werden kann, ist es wichtig, dass sie gut befestigt ist.

⇒ WEITER GEHT'S!

6 Fädle die Paketschnur durch das zweite Loch und spanne sie so straff, dass der Ast sich biegt. Am besten gelingt dir das, indem du das Ende des Bogens, an dem die Schnur bereits festgeknotet ist, in den Boden stemmst. Wickle die Schnur wieder um das Holz und knote sie gut fest. Das Spannen des Bogens erfordert etwas Kraft und Fingerspitzengefühl. Pass auf, dass du die Schnur nicht zu straff spannst, damit dein Bogen nicht bricht.

7 Zum Schießen brauchst du natürlich noch Pfeile. Säge vom Haselnussstrauch ein paar möglichst gerade Zweige ab. Sie sollten dünner und kürzer sein als dein Bogen, sonst sind sie zu schwer. Die Enden sollten stumpf sein. Am besten steckst du vorne einen Korken auf die Pfeile. Durch das zusätzliche Gewicht fliegt der Pfeil besser, gleichzeitig schützt der Korken vor Verletzungen.

VORSICHT!

Ziele und schieße niemals auf Menschen oder Tiere!

Achte darauf, dass du den Schießplatz gut einsehen kannst, damit niemand versehentlich in deine Schusslinie gerät.

WOHNEN IM TIPI

Die Indianer Nordamerikas wohnten nicht in einem Haus, sondern in einem Tipi. Das ist ein kegelförmiges Zelt, das aus einem Gestell aus dünnen Baumstämmen und einer Plane aus Leder oder festem Stoff besteht. Hast du Lust, dir selbst ein Tipi zu bauen?

DU BRAUCHST

- MINDESTENS 20 CA. 2 M LANGE ÄSTE
- BIEGSAME ZWEIGE
- REISSFESTEN STRICK
- MATERIAL ZUM ABDECKEN DES TIPIS, Z. B. FARN-BÜSCHEL

1 Sammle zusammen mit ein paar starken Helfern im Wald oder Park heruntergefallene Zweige und Äste und bringe sie zu der Stelle, an der du dein Tipi errichten willst.

2 Wähle drei kräftige Äste aus, stelle sie im Dreieck auf und lehne sie oben gegeneinander. Besonders gut eignen sich hierfür Äste mit Astgabeln, die man oben ineinander verhaken kann.

3 Während ein Helfer das Grundgerüst festhält, fügen die anderen Baumeister Stock für Stock hinzu. Denkt daran, eine Lücke für den Eingang zu lassen! Wenn alle Stöcke aufgestellt sind, sollte das Gerüst so stabil sein, dass es von selbst steht.

4 Umwickle die Spitze des Tipis mit einem reißfesten Strick. Das sorgt für zusätzliche Sicherheit und Stabilität.

WEITER GEHT'S!

5 Arbeite kleinere, biegsame Zweige zwischen die Stöcke ein. Sie sorgen für zusätzlichen Halt. Wenn das Gerüst des Tipis aufgebaut ist, prüfe zusammen mit einem Erwachsenen, ob es stabil genug ist, um darin zu spielen.

6 Nun braucht dein Tipi noch eine Abdeckung. Hierfür eignen sich angefeuchtetes Zeitungspapier, alte Kleidungsstücke oder Pflanzenteile, z. B. Farnbüschel. Die haben auch noch den Vorteil, dass dein Tipi im Grünen nahezu unsichtbar ist.

IM ZIRKUS

PLAKAT UND EINTRITTSKARTEN

Alle Kinder sind in heller Aufregung: Ein Zirkus kommt in die Stadt! Aber es ist nicht irgendein Zirkus, sondern euer eigener! Werde Zirkusdirektor, trommle Freunde und Geschwister zusammen und stellt gemeinsam eine tolle Vorstellung auf die Beine!

DU BRAUCHST

- MITTELGROSSE KARTOFFELN
- KÜCHENMESSER
- KÜCHENKREPP
- ZEICHENKARTON
- GOUACHE- ODER ACRYL-FARBEN
- PINSEL
- LINEAL, BLEISTIFT
- HAMMER, NAGEL
- STABILE UNTERLAGE

1 Aus Kartoffeln lassen sich Stempel schnitzen, mit denen Papier, Karton oder Stoff bunt bedruckt werden können. Halbiere zunächst eine mittelgroße Kartoffel mit dem Küchenmesser. Die beiden Kartoffelhälften werden deine Stempel.

2 Du kannst alle möglichen Formen in die Kartoffelhälften schnitzen. Willst du dein Zirkusplakat z. B. mit einer Wimpelgirlande bedrucken, ritze zunächst den Umriss eines Dreiecks ca. 1 cm tief in die Kartoffelhälfte hinein. Anschließend schneidest du die Ränder weg.

3 Du kannst deinen Wimpelstempel zusätzlich mit Mustern verzieren. Schneide z. B. schmale Streifen aus dem Dreieck heraus oder pikse mit einem spitzen Gegenstand Löcher hinein.

4 Tupfe die frische Schnittfläche deines Stempels mit Küchenkrepp trocken und bepinsle sie anschließend mit Farbe.

5 Bedrucke dein Plakat mit Dreiecken, sodass eine Wimpelkette entsteht.

 WEITER GEHT'S!

TIPP

Wenn du Wimpel in unterschiedlichen Farben drucken möchtest, empfiehlt es sich, für jede Farbe einen eigenen Stempel zu schnitzen und einen eigenen Pinsel zu benutzen. Dann musst du die Stempel und Pinsel zwischendurch nicht jedes Mal säubern.

6 Natürlich braucht euer Zirkus auch noch einen Namen! Male ihn auf das Plakat. Außerdem sollten die Besucher erfahren, wann eure Vorstellung beginnt.

7 Für die Eintrittskarten schneidest du einen bunt bedruckten Bogen Zeichenkarton in kleine rechteckige Stücke.

8 Nun bekommen deine Eintrittskarten sogar noch eine richtige Abreißecke. Zeichne mit Lineal und Bleistift eine Linie quer über eine der Ecken. Hämmere entlang der Linie einen Nagel in den Karton, sodass viele kleine Löcher entstehen. Achtung! Hierfür brauchst du eine stabile Unterlage!

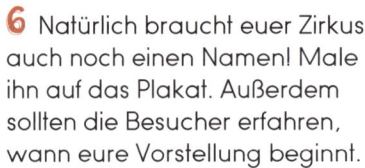

MANEGE FREI FÜR DIE ELEFANTEN!

Die Zirkuskapelle beginnt zu spielen, der Vorhang öffnet sich und die Elefanten stampfen in die Manege. Auf ihrem Rücken tragen sie wunderschöne indische Prinzessinnen in funkelnden Gewändern. Auch in deinem Zirkus darf ein Elefant nicht fehlen. Baue dir einen Steckenelefanten!

DU BRAUCHST

2 GROSSE PAPPEN (CA. 90 X 60 CM)

FILZSTIFT

CUTTER

HOLZLEISTE (CA. 80 X 4 X 1 CM)

HOLZLEIM

ACRYLFARBEN, PINSEL

GLITTER, GLITZERSTEINE UND BUNTE GLASSTEINE ZUM VERZIEREN

1 Zeichne einen Elefanten auf die Pappe. Die Form sollte möglichst einfach gehalten sein. Am besten ist es, wenn Rüssel und Schwanz nicht zu weit abstehen, dann ist der Elefant später auch stabil. Zeichne am Rücken des Elefanten ein ca. 15 cm langes und 2 cm breites Rechteck an. Das wird der Griff, an dem sich der Reiter festhalten kann.

VORSICHT!

Schneide mit dem Cutter nur unter Aufsicht eines Erwachsenen!

2 Schneide den Elefanten und den Griffschlitz vorsichtig mit einem Cutter aus.

3 Lege den ausgeschnittenen Elefanten auf die zweite Pappe und übertrage die Form darauf. Schneide nun auch den zweiten Elefanten aus.

$\Longrightarrow$ WEITER GEHT'S!

4 Bestreiche die Holzleiste mit Holzleim und klebe sie auf einen der beiden Pappelefanten. Idealerweise platzierst du die Holzleiste entlang des Rückens und oberhalb des Griffschlitzes. Achte darauf, dass die Leiste weder vorne noch hinten übersteht.

5 Nun klebst du den zweiten Pappelefanten auf die Holzleiste, sodass die Leiste zwischen den beiden Pappen verschwindet.

6 Male den Elefanten bunt an.

7 Zum Schluss verzierst du deinen Elefanten mit Glitzersteinen, bunten Glassteinen oder streust Glitter in die noch nasse Farbe.

ZIRKUSHÜTCHEN

Trapezkünstler schweben in schwindelerregender Höhe unter der Kuppel des Zirkuszelts, Akrobaten vollführen tollkühne Kunststücke auf dem Rücken galoppierender Pferde. Verwandle auch du dich in einen mutigen Artisten!

DU BRAUCHST

PAPPBECHER

WASSERFARBEN, PINSEL

GLITZERSTEINE

KLEBER

TRANSPARENTPAPIER IN VERSCHIEDENEN FARBEN (FORMAT DIN A4)

SCHERE, CUTTER

GUMMIBAND

1 Stelle den Pappbecher mit der Öffnung nach unten auf den Tisch und male ihn bunt an. Du kannst auch noch Glitzersteine aufkleben, damit er funkelt.

2 Schneide von den Transparentpapieren der Länge nach je einen ca. 15 cm breiten Streifen ab.

3 Lege nicht mehr als drei Papierstreifen übereinander und wickle sie um einen dicken Stift zu einem Röllchen ein. Klebe das Röllchen an einem Ende zusammen und ziehe den Stift heraus.

4 Schneide die zusammengerollten Lagen Transparentpapier am anderen Ende rundherum in dünne Streifen. So ensteht ein Puschel aus Papier.

5 Schneide den Boden des Pappbechers mit dem Cutter in der Mitte kreuzförmig ein.

VORSICHT!

Schneide mit dem Cutter nur unter Aufsicht eines Erwachsenen!

6 Stecke das zusammengeklebte Ende des Puschels in die Schnittstelle.

⇒ WEITER GEHT'S!

7 Pikse zwei einander gegenüberliegende Löcher in den Pappbecher und befestige daran das Gummiband. Fertig ist dein Zirkushütchen!

LÖWE, SPRING DURCH DEN FEUERREIFEN!

Auf samtenen, riesigen Tatzen schreiten die Löwen anmutig durch die Manege. Der Dompteur lässt die gefährlichen Tiere keine Sekunde aus den Augen. Das Publikum hält den Atem an und fiebert dem Höhepunkt der Show entgegen: dem Sprung durch den Feuerreifen.

DU BRAUCHST

GROSSEN PAPPTELLER

FARBEN DEINER WAHL (HIER: ÖLKREIDEN)

SCHERE

GUMMIBAND

GELBES, ORANGEFARBENES UND ROTES KREPP-PAPIER

HULA-HOOP-REIFEN

1 Zeichne zwei mandelförmige Umrisse auf den Pappteller. Das werden die Schlitze für die Augen. Zeichne anschließend die Löwennase vor. Sie wird später eingeschnitten, damit du die Maske bequem tragen kannst. Wenn du magst, kannst du zum Vorzeichnen der Maske die Vorlage von Seite 138 verwenden.

2 Dann malst du deinem Löwen ein Maul und eine prächtige Mähne.

3 Schneide mit einer spitzen Schere die Augen aus und schneide die Nase unten und an den Seiten ein, sodass du sie hochklappen kannst. Lass dir beim Schneiden von einem Erwachsenen helfen.

4 Stich etwa auf Höhe der Augen am linken und rechten Rand ein kleines Loch in die Pappe und befestige ein Gummiband daran. Nun kannst du als kleiner Löwe durch die Manege stolzieren!

5 Einen Hula-Hoop-Reifen kannst du ganz einfach in einen Feuerreifen verwandeln. Schneide gelbes, orangefarbenes und rotes Krepppapier in Streifen und knote sie an deinen Reifen. Fertig!

LÖWE, SPRING DURCH DEN FEUERREIFEN! 77

AUF DER RITTERBURG

LANDSCHAFT AUS PAPIERMASCHEE

Burgen wurden oft auf einem Berg oder auf einer Insel errichtet,
damit sie nicht so leicht von Feinden angegriffen werden konnten.
Wo soll deine Burg stehen? Auf einem bewaldeten Hügel?
An einer schroffen Klippe? Gestalte die passende Umgebung
für dein großes Ritterabenteuer!

DU BRAUCHST

GROSSE PAPPE
(CA. 100 X 80 CM)

MITTELGROSSEN
PAPPKARTON

ZEITUNGSPAPIER

TAPETENKLEISTER

GROSSEN BECHER

SCHNEEBESEN

ACRYLFARBEN, PINSEL

KLEINE STEINE UND
ZWEIGE, SAND

KLEBER

1 Lege den aufgeklappten Papp-karton mit der Öffnung nach un-ten auf die große Pappe. Er ist das Grundgerüst für deinen Burgberg. Forme anschließend Hügel und Büsche aus zerknülltem Zeitungs-papier.

2 Zerreiße mehrere Lagen Zei-tungspapier in lange Streifen.

3 Rühre nun in einem großen Be-cher mit einem Schneebesen den Tapetenkleister an. Achte darauf, dass der Kleister nicht zu dick und nicht zu dünn wird. Du kannst bei Bedarf jederzeit mehr kaltes Wasser oder Kleister zugeben.

4 Nun wird es matschig! Tauche deine Hände in den Kleister und streiche mit feuchten Händen die Papierstreifen Lage für Lage über Pappkarton, Papierhügel und -büsche. Nach und nach ver-schwinden Karton und zerknülltes Zeitungspapier darunter und ein Landschaftsrelief entsteht. Nach dem Kleistern hast du erst einmal Pause. Alles muss gut durchtrock-nen, bevor es weitergehen kann.

5 Bemale die Landschaft nach Herzenslust. Vielleicht gibt es graue Felsen, einen glitzernden Wasserfall, grüne Hügel und ver-schlungene Wege?

6 Sammle kleine Steine und Zweige. Sie werden zu Felsen und kahlen Bäumen. Stecke die Äste ins Papier und klebe die Steine auf. Bestreue die Wege mit Sand. So wirkt deine Land-schaft noch echter.

RITTERBURG AUS RECYCLINGMATERIALIEN

Werde zum Burgbaumeister! Wie soll deine Burg aussehen?
Wie viele Türme soll sie haben? Sind die Türme rund oder eckig?
Gibt es vielleicht sogar eine Zugbrücke und Geheimgänge?
Lass deiner Fantasie freien Lauf!

DU BRAUCHST

PAPPSCHACHTELN IN UNTERSCHIEDLICHEN GRÖSSEN

RECYCLINGMATERIALIEN

SCHERE

KLEBER ODER HEISSKLEBER

ACRYLFARBEN, PINSEL

SCHAUMSTOFFSTÜCKE

HOLZSPIESSE

1 Bevor du beginnst, dein Baumaterial zusammenzukleben, kannst du erst einmal spielerisch verschiedene Kombinationen ausprobieren.

2 Wenn du eine Vorstellung davon hast, wie deine Burg aussehen soll, kannst du beginnen, die einzelnen Teile zusammenzukleben. Aus Pappröhren von Küchenkrepp oder Toilettenpapierrollen können z. B. Türme entstehen. Aus Eierschachteln werden schmuckvolle Fassaden.

3 Jetzt geht es an die Details. Schneide aus Pappe z. B. Zinnen, eine Zugbrücke oder ein Burgtor aus und klebe alles an den Rohbau deiner Burg.

4 Male deine Burg an. Mit Acrylfarben lassen sich praktischerweise fast alle Materialien, z. B. auch Plastik, bemalen.

WICHTIG!

Den Malkittel nicht vergessen!

5 Bedrucke die Fassade deiner Burg zusätzlich mit selbst gebastelten rechteckigen Stempeln aus Schaumstoffstücken. So sieht die Fassade aus wie gemauert.

6 Was wäre eine Burg ohne ein Wappen? Male dein Wappen auf ein Stück Papier oder Stoff, schneide es aus und befestige es an einem Holzspieß. Sobald die Fahne gehisst ist, können die Ritter einziehen.

SPIELFIGUREN AUS PAPPE

Auf einer Ritterburg herrscht immer reges Treiben. Ritter in glänzender Rüstung stolzieren über den Hof. Ein Schwein ist aus dem Stall ausgebüxt und der Knecht muss es wieder einfangen. Denke dir eine kleine Geschichte aus und bastle dazu die passenden Spielfiguren.

DU BRAUCHST
WELLPAPPE

FILZSTIFTE UND BUNTSTIFTE

SCHERE

KLEBER ODER HEISSKLEBER

1 Zeichne die Umrisse deiner Figuren mit Filzstift auf ein Stück Wellpappe. Denke auch an die Details: Trägt dein Ritter z.B. ein Kettenhemd? Welches Muster hat die Drachenhaut? Wenn du magst, kannst du zum Vorzeichnen der Figuren die Vorlagen von Seite 134/135 verwenden.

2 Male die gezeichneten Figuren mit Buntstiften aus.

3 Schneide die Figuren aus. Die Pappe bleibt stabil, wenn du in einem Bogen um die Figuren herumschneidest.

4 Klebe ein kleines Stück Pappe an den Fuß deiner Figuren, damit du sie aufstellen kannst. Noch besser als mit normalem Kleber funktioniert das mit Heißkleber. Beim Basteln mit Heißkleber sollte dir ein Erwachsener helfen.

IM ZAUBERGARTEN

VORBEREITUNG DES ARBEITSPLATZES

Mit flüssigen Farben und dicken Pinseln ein richtig großes Bild zu malen bedeutet malen (fast) ohne Grenzen. Das Bild hat Platz zu wachsen. Vielleicht erlauben dir deine Eltern sogar, eine ganze Wand zu verschönern – entweder in deinem Zimmer oder draußen.

WICHTIG!

Damit dein Wandbild auch draußen, wo es Regen, Sonne und Kälte ausgesetzt ist, lange Zeit schön bleibt, brauchst du Farben, die sich für Außenwände eignen.

1 Decke den Boden mit Zeitungspapier oder Folie ab und stelle zum Auswaschen der Pinsel einen Eimer mit Wasser bereit. Zum Trockentupfen der Pinsel eignet sich ein großer Lappen, ein altes Hemd oder ein Handtuch.

2 Ziehe dir alte Sachen an, die schmutzig werden dürfen. Das gilt auch für die Schuhe. Besonders praktisch sind Gummistiefel, die kannst du danach einfach wieder abwischen.

3 Nun bereitest du deine Farben vor. In ausgewaschenen Joghurtbechern kannst du schöne Mischfarben herstellen. Am besten bekommt jeder Farbbecher einen eigenen Farblöffel.

4 Ein großer Papp- oder Plastikteller wird deine Malerpalette. Platziere darauf im Kreis die unterschiedlichen Farben.

AUF DER MAUER, AUF DER LAUER ...

Die alte Mauer hinterm Haus hat an manchen Stellen Risse bekommen. Hier und da bröckelt der Putz. Alles, was du brauchst, um die triste Mauer in ein buntes Kunstwerk zu verwandeln, sind ein paar Pinsel, Farben, ein Schönwettertag und am besten noch ein paar Kinder, die mitmachen.

DU BRAUCHST

WANDMALFARBEN
(DISPERSIONSFARBEN)

DÜNNE UND DICKE
BORSTENPINSEL

Vor dem Verschönern der Wände bereitest du den Arbeitsplatz vor, wie auf Seite 92/93 beschrieben.

1 Schaue dir die Oberfläche der Mauer ganz genau an. Vielleicht entdeckst du ja ein Auge, ein Maul oder sogar den Umriss eines ganzen Tieres?

2 Zeichne mit einem Borstenpinsel die Umrisse nach. Es macht nichts, wenn ein Strich mal nicht auf Anhieb sitzt. Du kannst ihn später mit anderen Farben übermalen.

3 Nachdem die Umrisse angezeichnet sind, geht es ans Ausmalen. Dafür verwendest du am besten dicke Borstenpinsel.

4 Damit die Wesen an der Mauer zum Leben erwachen können, dürfen natürlich die Details nicht fehlen. Male Augen, Zähne, Krallen, Schuppen oder Fell.

TIPP

Um auch auf rauen Wänden ein leuchtendes Farbergebnis zu erzielen, musst du öfter neue Farbe aufnehmen. Langsame Pinselstriche oder das Tupfen mit dem Pinsel erleichtern das Malen.

SCHWAMM DRÜBER!

Wenn du genau hinsiehst, wirst du feststellen, dass der Himmel nicht einfach nur blau ist, sondern aus den verschiedensten Blautönen besteht. Um eine ebenso lebendige Farbfläche zu erzeugen, eignet sich eine Technik ganz hervorragend: das Drucken mit dem Schwamm.

DU BRAUCHST

WANDMALFARBEN (DISPERSIONSFARBEN)

NATUR- UND HAUSHALTS-SCHWÄMME

Vor dem Verschönern der Wände bereitest du den Arbeitsplatz vor, wie auf Seite 92/93 beschrieben.

1 Stelle auf deiner Malerpalette die Farbfamilie zusammen, welche zu deinem Motiv passt – z. B. verschiedene Blau- und Grüntöne für ein Unterwasserbild oder verschiedene Grüntöne für eine Wiese.

2 Tunke den Schwamm in die Farben auf deiner Palette, sodass er mehrere Farben gleichzeitig aufnimmt, und betupfe die Wand damit. Du kannst den Schwamm natürlich auch mit einem Pinsel bemalen.

TIPP

Besonders schöne Strukturen und Farbeffekte erzielst du mit einem Naturschwamm.

TIPP

Mit der Schwammtechnik entstehen wunderschöne Hintergründe, z. B. ein blauer Nachthimmel. Wenn die Farben angetrocknet sind, kannst du mit dem Pinsel Tiere und Wesen aufmalen, die deine Nachtlandschaft bevölkern.

AUF DIE STEMPEL, FERTIG, LOS!

Es gibt verschiedene Kletterpflanzen, die gern an Mauern emporranken, z. B. Wilder Wein. Im Frühling und Sommer sind seine Blätter saftig grün, im Herbst verfärben sie sich rot und gelb. Mit selbst gemachten Stempeln kannst auch du einen leuchtend bunten Blätterwald auf kahle Wände zaubern.

DU BRAUCHST

- SCHAUMSTOFFSTÜCKE (CA. 10 X 10 X 1 CM)
- FILZSTIFT
- SCHERE
- PAPPE
- HEISSKLEBER
- WANDMALFARBEN (DISPERSIONSFARBEN)
- DICKE BORSTENPINSEL

Vor dem Verschönern der Wände bereitest du den Arbeitsplatz vor, wie auf Seite 92/93 beschrieben.

1 Zeichne mit dem Filzstift den Umriss eines Blattes auf den Schaumstoff.

2 Schneide die Form aus.

3 Schneide aus fester Pappe ein Rechteck aus und klebe es zur Verstärkung auf die Rückseite deines Schaumstoffstempels. Beim Basteln mit Heißkleber sollte dir ein Erwachsener helfen.

4 Bestreiche den Stempel dick mit Wandmalfarbe. Verteile die Farbe dabei möglichst gleichmäßig und vergiss auch die Ränder nicht. Mit einem dünneren Pinsel kannst du auch noch die Blattadern aufmalen.

5 Drücke den Stempel auf die gewünschte Stelle an der Wand. Der weiche Schaumstoff hinterlässt auch auf rauem Untergrund ein gutes Ergebnis, weil er sich in die Vertiefungen hineinschmiegt.

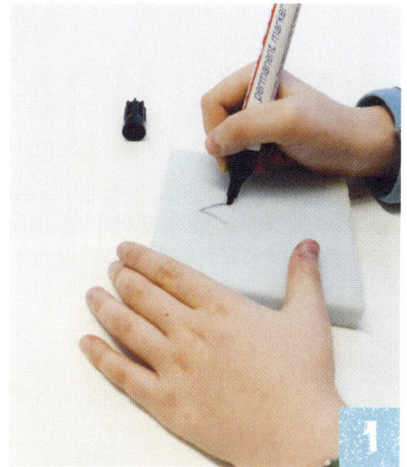

WICHTIG!

Den Stempel zwischendurch nicht auswaschen, sondern einfach neue Farbe auftragen! Er saugt sich sonst mit Wasser voll und muss erst trocknen, bevor du ihn wieder verwenden kannst. Auf diese Weise schimmert die alte Farbe beim Abdruck zwar noch ein wenig durch, gerade das erzeugt aber oft sehr schöne Farbeffekte.

VIELE HÄNDE –
BUNTE WÄNDE

Bei einem Wald- oder Winterspaziergang gibt es viel zu entdecken: Hufspuren von Rehen und Wildschweinen, Abdrücke von
Katzenpfötchen oder winzigen Vogelkrallen. Auch du kannst
Abdrücke hinterlassen – z. B. mit deinen Händen. Sie funktionieren
wie ein ganz persönlicher und einzigartiger Stempel.

Du BRAUCHST

WANDMALFARBEN
(DISPERSIONSFARBEN)

PINSEL

WASSEREIMER

ALTES HANDTUCH

Vor dem Verschönern der Wände bereitest du den Arbeitsplatz vor, wie auf Seite 92/93 beschrieben.

1 Male einen großen Baum an die Wand. Die Zweige bleiben vorerst kahl, denn die Blätter werden nicht aufgemalt, sondern gedruckt, und zwar mit deiner Hand.

2 Bestreiche deine Hand mit Wandmalfarben.

3 Suche dir einen Platz am Baum und drücke die bemalte Handfläche kräftig an die Wand. Wasche dir die Hände, trockne sie gut ab und bestreiche sie aufs Neue mit Farbe. Je mehr Kinder mitmachen, umso größer ist der Spaß und umso schneller kann euer Baum wachsen!

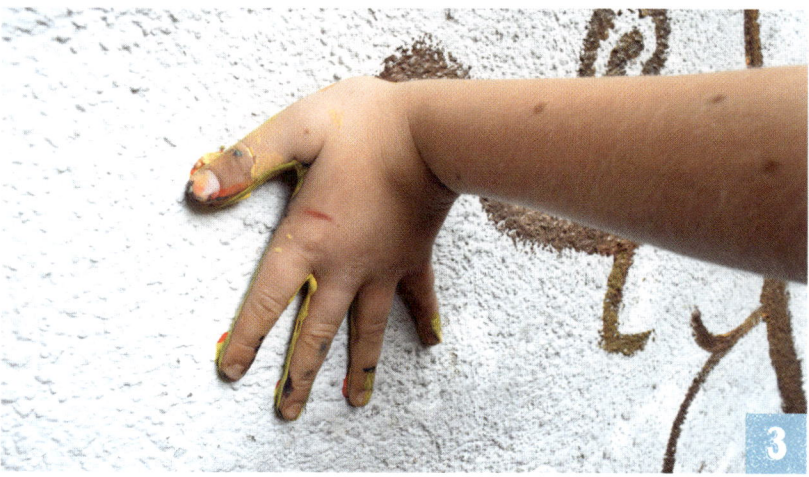

IN DER GEISTERBAHN

TANZENDE MONSTER

SPINNENNETZE

GRUSELSPINNEN

TANZENDE MONSTER

Klappernde Knochen, klaffende Mäuler, dreiköpfige Monster –
eine Fahrt in der Geisterbahn ist wahrlich nichts für schwache
Nerven. Aber es macht riesigen Spaß! Verwandle dein Kinderzimmer in eine Geisterbahn und lass die Monster tanzen!

DU BRAUCHST
- WELLPAPPE ODER GRAUPAPPE
- BLEISTIFT
- ÖLKREIDEN
- CUTTER ODER SCHERE
- BEUTELKLAMMERN

1 Fertige zunächst eine Bleistift-skizze an. Wie sieht das Monster aus, das du zum Leben erwecken willst? Ist es lieb oder böse? Hat es einen Rüssel oder spitze Zähne? Kräftige Pranken oder lange Fangarme?

2 Überlege dir anhand deiner Bleistiftzeichnung, in welche Einzelteile die Figur zerlegt werden kann. Zeichne die einzelnen Teile anschließend nebeneinander auf eine Pappe. Auch Details wie Ohren, Hörner oder Krallen kannst du als bewegliche Teile anlegen.

3 Male alle Körperteile bunt an.

4 Schneide die Körperteile aus. Wenn du mit Wellpappe arbeitest, bitte einen Erwachsenen, dir beim Zusch neiden mit dem Cutter zu helfen. Denkt dabei an eine Schneideunterlage!

5 Pikse überall dort Löcher in die Pappe, wo Körperteile miteinander verbunden werden sollen.

6 Setze dein Monster zum Schluss mit Beutelklammern zusammen.

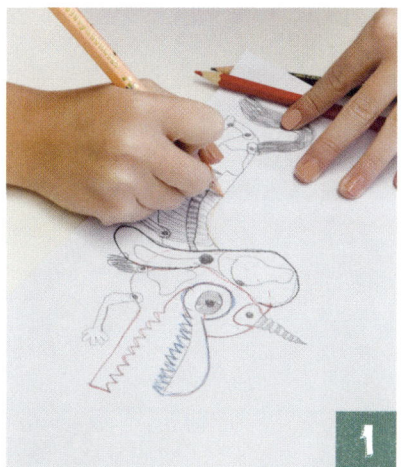

SPINNENNETZE

Was wäre eine Geisterbahn ohne gruselige Spinnen? Mit der „Sgraffito"-Kratztechnik kannst du tolle Spinnennetze selbst gestalten. Dekoriere deine Wände damit und verwandle dein Kinderzimmer in ein schaurig-schönes Gruselkabinett!

DU BRAUCHST
ZEICHENPAPIER

WACHSMALKREIDEN

SCHWARZE ACRYLFARBE

BREITEN HAARPINSEL

HOLZSPIESS ODER NAGEL

1 Bemale dein Blatt Papier mit Wachsmalkreiden in verschiedenen Farben. Drücke dabei fest auf, sodass der Untergrund vollständig mit einer Wachsschicht bedeckt ist. Am besten verwendest du helle, leuchtende Farben. Die heben sich später besonders gut ab.

2 Überpinsle die Wachsschicht nun gleichmäßig und möglichst dünn mit schwarzer Acrylfarbe. Bevor es weitergeht, muss die schwarze Farbe erst trocknen. Wer ungeduldig ist, kann sie auch mit einem Föhn trocken pusten.

3 Ritze nun mit einem spitzen Gegenstand (z.B. einem Nagel oder einem Holzspieß) Linien in die schwarze Acrylfarbe. Mache es wie die Kreuzspinne: erst das Y, dann die Speichenfäden und zum Schluss die Spirale. Die bunte Wachsschicht kommt wieder zum Vorschein und ein leuchtendes Spinnennetz entsteht.

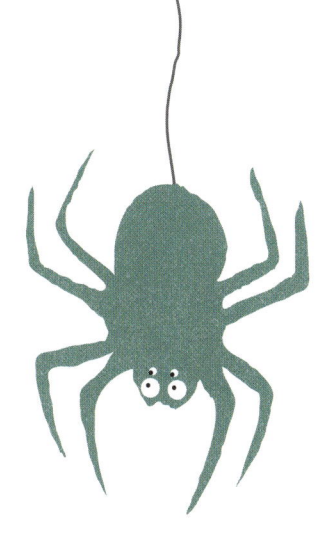

GUT ZU WISSEN

Weißt du, wie die Kreuzspinne ihr Netz baut? Zuerst spinnt sie zwischen Ästen ein Grundgerüst aus Fäden, das aussieht wie ein Y. Danach spinnt sie weitere Fäden zur Mitte hin. Weil diese am Ende so aussehen wie die Speichen am Fahrrad, heißen sie Speichenfäden. Dann klettert die Spinne von einem Speichenfaden zum nächsten und spinnt einen Faden spiralförmig von innen nach außen, bis ein feinmaschiges Netz entsteht.

GRUSELSPINNEN

Kennst du die Schwarze Witwe? Wie der Name schon sagt, ist die Spinnendame schwarz, und wenn der Spinnenmann nicht aufpasst, wird er von ihr gefressen. Die Spinnen, die du bastelst, fressen natürlich niemanden auf, aber ein bisschen gruselig sehen sie schon aus!

DU BRAUCHST
- BLUMENDRAHT
- ZANGE
- WOLLE
- GLITZERSTEINCHEN ODER WACKELAUGEN
- KLEBER

1 Zwicke mit der Zange vier ca. 15 cm lange Stücke Draht ab. Daraus entsteht das Grundgerüst für deine Spinne.

2 Lege die Drähte so aufeinander, dass sie einen Stern mit acht Strahlen bilden. Drehe sie in der Mitte zusammen, damit sie nicht mehr auseinanderfallen können.

3 Biege die Enden der Drähte mit der Zange um, sodass du dich nicht daran verletzen kannst. Die so entstandenen Schlaufen werden später die Spinnenfüße.

4 Umwickle die Mitte des Drahtsterns mit einem Wollfaden, bis ein Knäuel entsteht. Wickle den Faden dabei auch immer wieder zwischen den Spinnenbeinen hindurch. Schneide den Wollfaden nicht ab. Die Spinne mitsamt Beinen wird aus einem Stück gewickelt.

5 Nun umwickelst du die Spinnenbeine. Wickle den Wollfaden um das erste Bein bis zur Drahtschlaufe und wieder zurück. Dann wickelst du den Faden zunächst wieder um den Körper herum und fährst mit dem nächsten Bein fort.

6 Verknote den Wollfaden zum Schluss auf der Unterseite der Spinne. Schneide den Faden so ab, dass er noch lang genug ist, damit deine Spinne sich abseilen kann.

➪ WEITER GEHT'S!

7 Klebe die Augen an und biege die Beine in Form. Fertig ist deine Gruselspinne!

7

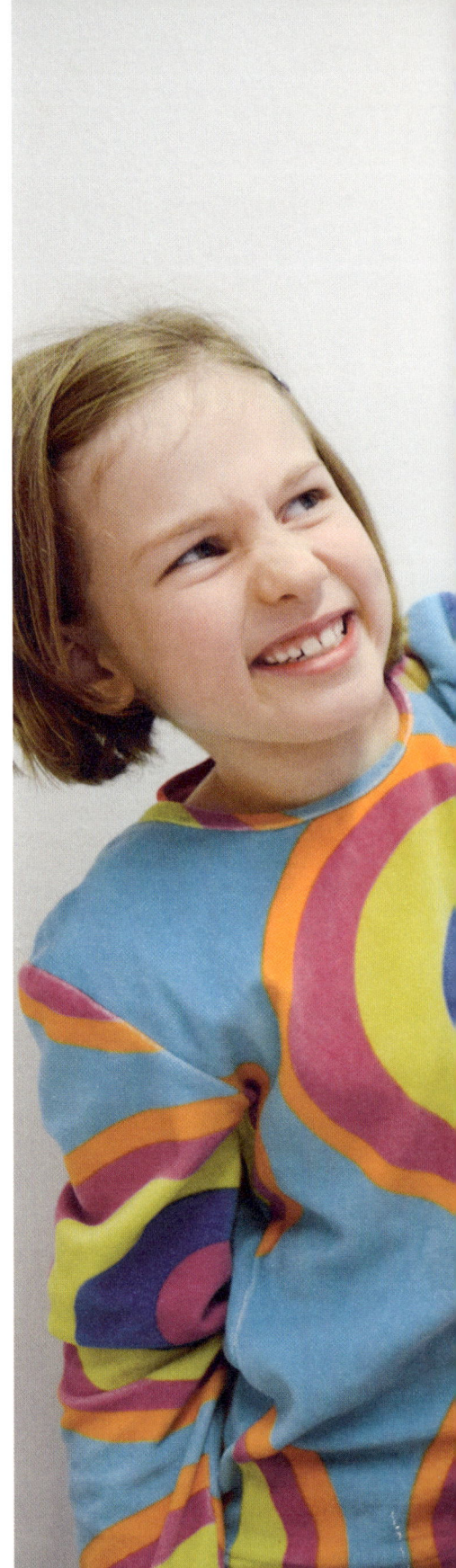

IM FILMSTUDIO

DAUMENKINO

Ein Film ist aus vielen einzelnen Bildern zusammengesetzt – genau wie dein kleines Daumenkino! Durch schnelles Durchblättern des Blocks sieht es am Ende so aus, als würde sich das Motiv bewegen. Film ab!

DU BRAUCHST

EINEN KLEINEN NOTIZBLOCK (CA. 5 X 7 CM, QUERFORMAT) MIT MIND. 50 SEITEN

BUNT- ODER FILZSTIFTE

EVTL. DURCHSCHLAGPAPIER

2 KLEINE STÜCKE PAPPE IN DER GRÖSSE DES NOTIZBLOCKS

KLEBEBAND

1 Überlege dir zunächst ein Motiv. Es sollte nicht zu kleinteilig sein, da du es sehr oft zeichnen musst. Wie wäre es z. B. mit einer sich öffnenden Pusteblume, die nach und nach ihre Schirmchen verliert? Male dein Ausgangsbild mit dunklen Bunt- oder Filzstiften auf die erste rechte Seite deines Notizblocks. Auf die folgenden rechten Seiten malst du das gleiche Motiv, allerdings jeweils mit einer winzigen Veränderung.

TIPP

Wenn du besonders genau arbeiten willst, kannst du Durchschlagpapier verwenden. Das bekommst du in jedem Schreibwarenladen. Achte darauf, dass du es richtig herum unter das Papier legst, auf dem du gerade zeichnest. Nun kannst du die Teile des Bildes malen, die sich bei den aufeinanderfolgenden Zeichnungen nicht verändern sollen. Hier ist es der Stängel der Pusteblume.

2 Wenn das letzte Bild gemalt ist, kannst du deinen Block hinten und vorne noch mit Pappe verstärken. Bemale die vordere Pappe mit einem passenden Motiv und befestige die Deckel mit Klebeband an der Seite, an der auch der Notizblock verleimt ist. Nun kannst du deinen Block mit dem Daumen von vorne nach hinten durchblättern und staunen, wie die Schirmchen fliegen!

DER ERSTE EIGENE TRICKFILM

Bei einem Zeichentrickfilm im Fernsehen laufen ca. 24 Bilder pro Sekunde ab. Bei einem kurzen Film von zwei Minuten Länge sind das schon 2880 Bilder! Du kannst dir sicher vorstellen, wie aufwendig es ist, 2880 mal die gleiche Figur zu zeichnen. Aber es gibt jede Menge Tricks und Kniffe, die dir die Arbeit erleichtern!

HILFSMITTEL KAMERA

Anstatt die Bilder für deinen Film mühsam Bild für Bild zu zeichnen, kannst du das Motiv auch fotografieren. So entstehen schnell und unkompliziert Hunderte von Bildern. Darum ist eine Digitalkamera auch das perfekte Hilfsmittel, um selbst einen kleinen Trickfilm zu produzieren. Plane mit ungefähr fünf Bildern pro Sekunde. Das macht bei einem Film von einer Minute Länge immerhin noch 300 Fotos!

AUFGABENVERTEILUNG

Beim Film wird meist in großen Teams gearbeitet, weil es so viele unterschiedliche Dinge zu tun gibt. Auch wenn du und deine Freunde zusammen einen Trickfilm umsetzt, solltet ihr die Aufgaben untereinander aufteilen: Einer bedient die Kamera, ein anderer bewegt die Figuren, einer achtet auf den richtigen Ablauf und gibt die Regieanweisungen. Nach jeder Szene können die Aufgabenbereiche getauscht werden.

HILFSMITTEL COMPUTER

Wenn alle Bilder aufgenommen sind, können sie am Computer zu einem Film zusammengesetzt werden. Dafür gibt es verschiedene Computerprogramme (z. B. Windows Movie Maker und Monkey Jam). Mithilfe dieser Programme können u. a. fehlerhafte Bilder gelöscht, die Ablaufgeschwindigkeit der Bilder festgelegt, Vorspann und Abspann erstellt sowie eine Tonspur und Musik hinzugefügt werden.

EINE TRICKKISTE BAUEN

Die Trickkiste ist ein tolles Hilfsmittel, wenn man einen kleinen Film Bild für Bild fotografieren will. Innerhalb der Trickkiste spielt sich die Szene ab, die Kamera wird oben befestigt. So verwackeln die Bilder beim Fotografieren nicht und man hat immer denselben Bildausschnitt.

DU BRAUCHST

- MITTELGROSSEN PAPPKARTON (CA. 40 X 40 X 40 CM)
- CUTTER
- WEISSES TRANSPARENT-PAPIER
- KLEBER
- FLÜSSIGE WEISSE FARBE
- PINSEL

1 Lege den Pappkarton so vor dich auf den Tisch, dass die Öffnung zu dir zeigt.

2 Damit du ins Innere der Trickkiste hineinfotografieren kannst, braucht der Karton an der Oberseite noch eine Öffnung für das Objektiv deiner Digitalkamera. Zeichne auf der Oberseite mittig einen Kreis an. Er sollte in etwa denselben Durchmesser wie das Kameraobjektiv haben. Schneide ihn aus.

3 Schneide in die linke und rechte Seitenwand des Kartons große Fenster hinein und beklebe sie mit weißem Transparentpapier. So kannst du deine Trickkiste später mit einer Schreibtischlampe beleuchten und hast besseres Licht für deine Bilder.

4 Bemale die Trickkiste innen auf allen Seiten mit weißer Farbe. Sobald die Farbe getrocknet ist, kannst du mit deinem Trickfilmprojekt starten.

TRICK MIT BUNTEM PAPIER

Hierbei handelt es sich um einen sogenannten „Legetrick", eine einfache Trickfilm-Technik, die sich auch für kleinere Kinder und ein kurzes Projekt eignet. Dabei werden der Hintergrund und die Figuren aus Papier ausgeschnitten und in die Trickkiste gelegt.

DU BRAUCHST

- BUNTE PAPIERRESTE
- SCHERE
- TRICKKISTE (SIEHE SEITE 122/123)
- DIGITALKAMERA

1 Schneide aus bunten Papierresten verschiedene Formen aus: z. B. Kreise, Halbkreise, Dreiecke und Vierecke. Viele verschiedene geometrische Formen ergeben zusammen tolle Muster.

2 Baue die Trickkiste auf: Lege die Kamera so auf die Kiste, dass das Objektiv in der Öffnung liegt. Du kannst die Kamera zusätzlich mit Klebeband fixieren, damit sie beim Fotografieren nicht verrutscht. Optimal ist es, wenn die Kamera nur den Boden der Trickkiste aufnimmt, nicht die Seitenwände. Schieße ein erstes Probefoto von der leeren Trickkiste. Wenn du zu wenig Licht hast, beleuchte die Kiste mit einer Schreibtischlampe.

3 Lege das erste Papier in die Kiste und mache ein Foto. Lege das zweite Papier in die Kiste, mache wieder ein Foto. So fährst du Papier für Papier fort, bis das Muster fertig gelegt ist.

WICHTIG!

Achte vor dem Fotografieren immer darauf, dass keine Hand mehr im Bild ist!

4 Jetzt kannst du das Muster verändern: Nimm Papiere weg, lege neue dazu oder verschiebe die, die bereits liegen, Stück für Stück. Vergiss nicht, jede Veränderung zu fotografieren. Besonders eindrucksvoll wird dieser Trickfilm, wenn du ihn mit Musik unterlegst.

TRICK MIT BEWEGLICHEN FIGUREN

Hast du Lust, eine kleine Geschichte zu verfilmen? Am besten ist es, wenn du sie in einem Satz zusammenfassen kannst – z.B.: Ein Hai jagt kleine Fische und wird am Ende von einem Seeungeheuer gefressen. Die Filmdarsteller bastelst du natürlich selbst!

DU BRAUCHST
PAPIERRESTE

STIFTE

SCHERE

BEUTELKLAMMERN

TRICKKISTE (SIEHE SEITE 122/123)

DIGITALKAMERA

1 Zeichne zuerst ein Storyboard. Das machen auch die Profis beim Film so. Ein Storyboard ist eine Bildergeschichte, die entsteht, indem du die Handlung deines Films in einzelne Szenen bzw. Bilder einteilst. Hier ein Beispiel:

Szene 1: Der Hai kommt von links ins Bild geschwommen.

Szene 2: Von rechts tauchen kleine Fische auf.

Szene 3: Der Hai schwimmt hin und macht sein Maul auf.

Szene 4: Da kommt von unten ein riesiges Seeungeheuer und verputzt den Hai.

2 Entwirf deine Filmfiguren. Male sie auf und schneide sie aus. Du kannst auch Gliederpuppen basteln, dann können die Figuren einzelne Körperteile bewegen (siehe Seite 106/107). Wenn dein Hai z. B. sein Maul aufreißen oder seine Schwanzflosse bewegen soll, musst du den Unterkiefer und die Schwanzflosse extra zeichnen und ausschneiden. Mit Beutelklammern befestigst du die Teile am Körper.

3 Entwirf den Hintergrund für deine Geschichte. Spielt die Geschichte z. B. im Meer, male eine Unterwasserlandschaft. Lege das fertige Bild anschließend auf den Boden der Trickkiste und mache das erste Foto.

⚡ Jetzt ist es Zeit für den Auftritt der Hauptdarsteller! Lege die Figur/die Figuren so in die Trickkiste, wie du es dir vorher in deinem Storyboard überlegt hast. Mache ein Foto. Anschließend veränderst du die Position bzw. Körperteile der Figur/der Figuren Stück für Stück. Halte jede Veränderung mit einem Foto fest.

WICHTIG!

Achte darauf, dass die Figuren von den Seiten ins Bild kommen und wieder über die Seiten verschwinden.

TRICK MIT KNETE

Knete ist ein tolles Bastelmaterial, um Figuren und Gegenstände für deinen Film zu erschaffen. Du kannst sie ganz leicht verformen und so Schritt für Schritt jede Veränderung auf einem Foto festhalten. Wie wäre es, wenn du einen Drachen Feuer speien lässt?

DU BRAUCHST

KNETE
DIGITALKAMERA
STATIV
KLEBEBAND

1 Entwickle eine Idee für deinen Trickfilm und zeichne ein Storyboard (siehe Seite 127).

2 Knete alle Figuren und Gegenstände so in Form, wie du sie für den Anfang deiner Szene brauchst. Achte darauf, dass die gekneteten Figuren nicht zu groß oder zu dünn sind, sonst stehen sie nicht stabil.

3 Stelle die Kamera auf ein Stativ. Klebe das Stativ mit Klebeband am Fußboden fest, damit es nicht verrutschen kann. Die Kamera sollte alle Bilder einer Szene aus derselben Perspektive aufnehmen.

4 Ordne die Figuren und Gegenstände an und fotografiere ihre Bewegung Schritt für Schritt.

VORLAGEN

SPIELFIGUREN AUS PAPPE
S. 86/87
Originalgröße

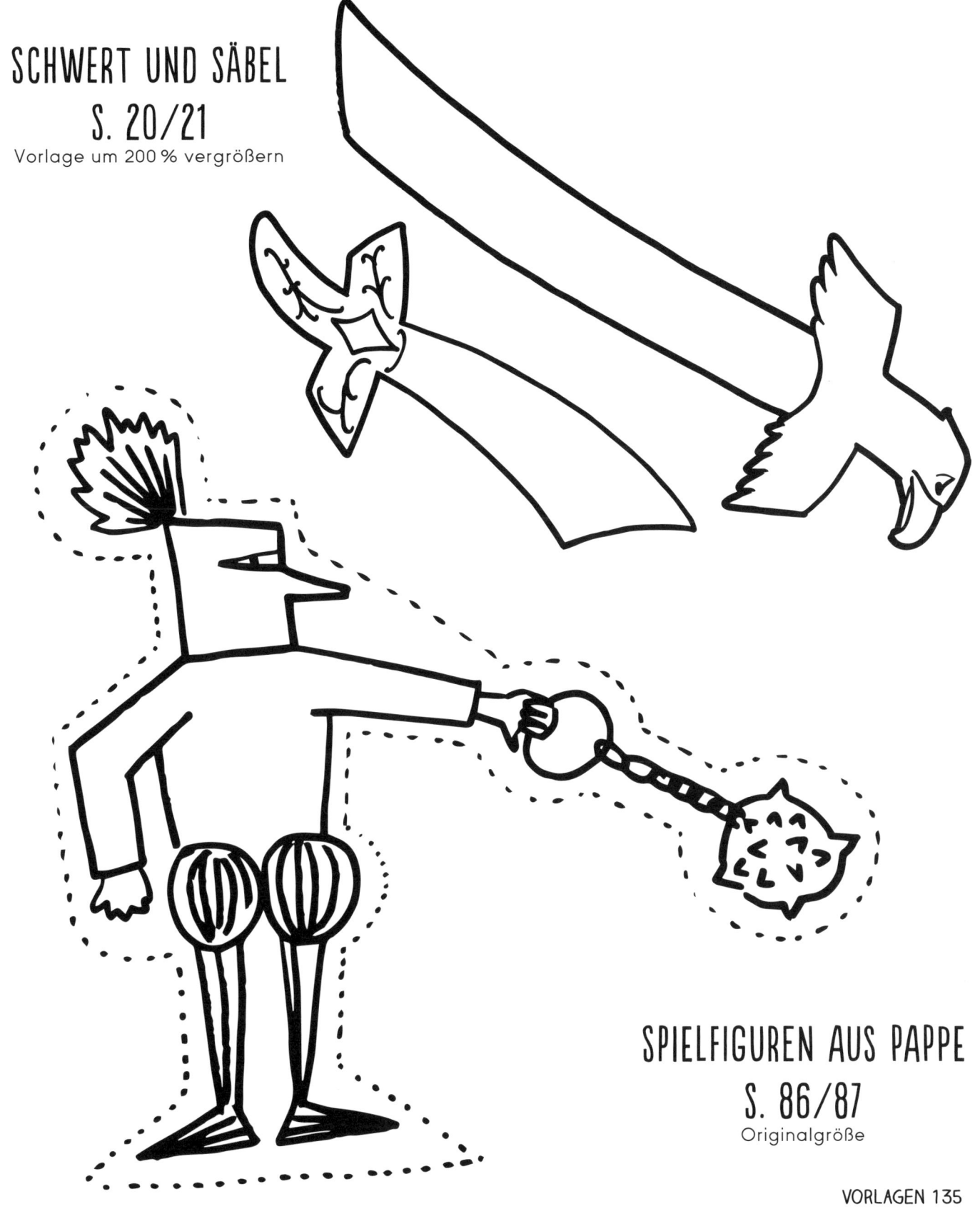

SPIELFIGUREN AUS PAPPE
S. 86/87
Originalgröße

BREMER STADTMUSIKANTEN

S. 28/29

Originalgröße

LÖWENMASKE

S. 76/77

Vorlage um 150 % vergrößern

WILDE-KERLE-MASKE

S. 10/11

Vorlage um 200 % vergrößern

DANKE

Ein riesengroßes Dankeschön an alle Kinder, die an dem Buch mitgewirkt haben: Angelina, Anika, Antonia, Benedikt, Benni, Jakob, Johanna, Lina, Lissy, Luca, Ronja und Valentin.

Mit ihren tollen Ideen und ihrer Kreativität entstehen Woche für Woche spannende Dinge in der Werkstatt. Das gemeinsame Ausprobieren, Basteln und die Beschäftigung mit Kunst haben dieses Buch überhaupt erst möglich gemacht.

Herzlichen Dank an alle großen Helfer und Unterstützer:

meine Familie, die die Entstehung des Buchs mit Rat und Tat begleitet hat,

meine Freundin Angelika, die immer für eine künstlerische Aktion zu begeistern ist,

Britta Keil, die mit viel Fingerspitzengefühl die Texte in Form gebracht hat,

und Annika Christof von der Edition Michael Fischer, die das Projekt liebevoll begleitet hat.

ÜBER DIE AUTORIN

Katharina Naimer studierte an der Akademie der Bildenden Künste in München Bildhauerei und Malerei. Nach ihrem Diplom eröffnete sie eine eigene Kunstwerkstatt, das Kinderatelier PABLiTO. Dort finden regelmäßig Kurse und Workshops statt, in denen eifrig gemalt und gebastelt wird. Auch im öffentlichen Raum machte PABLiTO von sich reden: So gestaltete Katharina Naimer zusammen mit vielen Kindern im Münchner Westend ein Dschungelhaus, verwandelte den Pausenhof einer Grundschule in einen Zaubergarten und schenkte einer Kita zur Badesaison einen wasserspuckenden Fisch.

WEITERE TOLLE BÜCHER

14,99 €

REISELUST & BASTELSPASS

128 Seiten, 18,3 x 23 cm
ISBN 978-3-86355-325-8

16,99 €

MACH DEIN EIGENES BUCH!

128 Seiten, 23 x 23 cm
ISBN 978-3-86355-224-4

12,99 €

AUF DIE KLECKSE, SCHNIPSEL, LOS!

96 Seiten, 23 x 28 cm
ISBN 978-3-86355-244-2

19,99 €

KUNST-LAB FÜR KINDER

144 Seiten, 22 x 22 cm
ISBN 978-3-86355-077-6

IMPRESSUM

Bibliografische Information der Deutschen Bibliothek.

Die Deutsche Bibliothek verzeichnet diese Publikation in der deutschen Nationalbibliografie.

Detaillierte bibliografische Daten sind im Internet über http://www.d-nb.de/ abrufbar.

EIN BUCH DER EDITION MICHAEL FISCHER

1. Auflage 2015

Alle Rechte dieser Ausgabe bei
© Edition Michael Fischer GmbH, Igling

Redaktion und Produktmanagement: Annika Christof
Lektorat: Britta Keil, Berlin
Covergestaltung: Tim Anadere
Layout: Ilona Molnár, Tim Anadere
Satz: Bernadett Linseisen
Illustrationen: Ilona Molnár

ISBN 978-3-86355-291-6

Printed in Slavakia

www.emf-verlag.de